एहसास जो रह गए

~ पहला प्रेम, अधूरा होकर भी संपूर्ण ~

सुमन

BookLeaf Publishing
India | USA | UK

Made with ❤ on the BookLeaf Publishing Platform
www.bookleafpub.in
www.bookleafpub.com

Dedication

समर्पण

यह पुस्तक उस प्रथम स्पंदन को समर्पित,
जिसने हृदय में प्रेम का अर्थ अंकित किया।
उस कोमल उजाले को,
जो आँखों में ठहरा और जीवन को दीप्त किया।

उस प्रतीक्षा को,
जो समय से नहीं, साँसों से मापी जाती थी।
उस विश्वास को,
जो प्रश्नों से पहले ही स्वीकार हो जाता था।

उन राहों को,
जो संग चली कुछ दूर तक,
फिर मुड़ गईं –
पर पदचिह्न मन में रह गए।

और स्वयं के उस निष्कपट रूप को,
जो प्रेम में डूबा,
विरह में तपकर परिपक्व हुआ,
फिर भी प्रेम से विमुख न हुआ।

यह समर्पण किसी नाम को नहीं,
उस अनुभव को है

जिसने अधूरा होकर भी
पूर्ण होना सिखाया।

Preface

भूमिका

कुछ कथाएँ समाप्त नहीं होतीं,
वे भीतर प्रवाहित रहती हैं।

पहला प्रेम –
न कोई शोर, न कोई घोषणा,
बस एक सहज ठहराव,
जो धीरे-धीरे गहराई बन जाता है।

एक नाम,
जो दिन का सबसे मधुर उच्चारण हो।
एक आवाज़,
जो रात्रि का सबसे शांत सहारा हो।

मगर समय का अपना विधान है।
परिस्थितियों का अपना अनुशासन।
कभी सत्य साथ होता है,
लेकिन साथ रह पाना संभव नहीं होता।

"एहसास जो रह गए"
(पहला प्रेम, अधूरा होकर भी संपूर्ण)

यह यात्रा है –

मासूम आरंभ से जागरण तक,
आकांक्षा से स्वीकार तक।

यह पुस्तक विरह का विलाप नहीं,
परिपक्वता का संगीत है।
यह मिलन की आकांक्षा से अधिक
स्मृति के सम्मान की कथा है।

यदि इन पंक्तियों में
आपको अपनी कोई धड़कन सुनाई दे,
तो समझिए –
पहला प्रेम समाप्त नहीं होता,
वह बस जीवन में विलीन हो जाता है।

Acknowledgements

आभार

आभार उस पहली धड़कन का,
जिसने मुझे यह अनुभव दिया
कि प्रेम कैसा होता है।

आभार उस विराम का,
जिसने मुझे स्वयं से मिलाया।
आभार उन रातों का,
जहाँ आँसू शब्द बने,
और शब्द संबल बने।

धन्यवाद समय का,
जिसने पीड़ा को स्मृति में,
और स्मृति को संतुलन में बदला।

और अंततः –
मैं स्वयं की आभारी हूँ,
कि मैंने प्रेम से भय नहीं सीखा,
भले ही वह मेरे संग न रहा।

क्योंकि जो पहली बार
पवित्र हृदय से प्रेम करता है,
वह रिक्त नहीं होता –

वह विस्तृत हो जाता है।
थोड़ा शांत,
थोड़ा गंभीर,
और भीतर से थोड़ा अधिक प्रकाशमय।

कविता 1. पहली नज़र

भीड़ में तुम थे, पर शोर नहीं था,
बस एक ठहराव था – कोई ज़ोर नहीं था।
न मौसम बदला, न आकाश नया था,
पर दिल ने मानो नाम लिखा था।

एक क्षण यूँ ठहरा कि समय रुक गया,
मन चुपचाप तुम्हारी ओर झुक गया।
शब्दों से पहले जो रिश्ता बना,
वही पहला प्रेम था – अनकहा, सुना।

कविता 2. संयोग

हर रोज़ वही कोना, वही रास्ता,
जैसे संयोगों ने रच दिया वास्ता।
तुम देखते, मैं नज़रें झुका लेती,
पर धड़कन सच, छुपा न लेती।

नाम नहीं था उस बंधन का,
पर मन ने उसे पहचान लिया।
चुप्पी के भीतर संवाद पला,
और दिल ने स्वीकार लिया।

कविता 3. गुलाब

काँपते हाथों में लाल गुलाब,
आँखों में संकोच, मन में जवाब।
मैंने उसे थामा चुपचाप,
जैसे लिख दिया हो, कोई प्रतिउत्तर आप।

किताब में दबा वह फूल नहीं था,
वह मेरा पहला उसूल नहीं था –
वह विश्वास था, कोमल, निर्मल,
जिसमें धड़कन हुई थी सरल।

कविता 4. गीत

तुम गाते थे, और हर सुर में
मेरा नाम छिपा लगता था।
आवाज़ तुम्हारी जैसे मन में
एक दीप नया जगता था।

संगीत बना था – हमारा सेतु,
बिन वादे के एक दृढ़ हेतू।
पहली बार लगा –
किसी का होना भी पर्याप्त होता है।

कविता 5. छत की शाम

वह साँझ, वह छत, वह हल्की हवा,
और नज़रों का अनकहा सिलसिला।
नीचे जग था अपने ढंग में,
हम ऊपर थे अपने रंग में।

बिन कसमें, बिन कोई शर्त,
सपने थे बस निर्मल अर्थ।
यही लगा था सारा जहाँ,
यहीं ठहरेगा जीवन यहाँ।

कविता 6. भरोसा

भरोसा रोज़-रोज़ उगा,
छोटी-छोटी बातों में पला।
तुम्हारी चुप्पी भी सुकून थी,
तुम्हारी हँसी में उजला गला।

मैंने दिल खोलकर रख दिया,
बिना डर के सब कह दिया।
सोचा था – जो सच्चा होगा,
वह हर परिस्थिति में अडिग रहेगा।

कविता 7. बदलाव

फिर जाने किस मोड़ पर
हवा ने रुख बदल लिया।
तुम पास थे, पर भीतर से
किसी ने हाथ खींच लिया।

बातें कम, नज़रें अलग,
स्वर में आया नया रंग।
मैं पूछती – "सब ठीक है?"
तुम कहते – "हाँ, सब ठीक है।"

पर सच कहीं और था।

कविता 8. वह दिन

"मैं किसी और को चाहता हूँ।"
शब्द छोटे, असर विशाल।
उस क्षण भीतर गिरा कोई,
जैसे टूट गया हो, महल कमाल।

मैं मुस्कुराई, सिर झुका लिया,
जैसे स्वीकार कर लिया।
पर रात ने जाना, तकिए ने सुना –
दिल चुपचाप भी रोता है माना।

कविता 9. दरार

उस दिन से सब सामान्य था,
बस मैं सामान्य नहीं रही।
भीतर एक सूक्ष्म दरार पड़ी,
जो किसी को दिखाई नहीं दी।

पहला प्रेम जितना उजला हो,
टूटन उतनी ही गहरी होती।
विश्वास जितना निर्मल हो,
विदाई उतनी ही भारी होती।

कविता 10. खामोशी

हमने बोलना कम कर दिया,
शब्दों को थम कर दिया।
जैसे दोनों जानते हों –
अब कहना व्यर्थ है।

चुप्पी भी एक निर्णय है,
जो अंत को स्वीकार करती है।

कविता 11. स्वीकार

मैंने खुद से कहा –
शायद यही नियति थी।
हर प्रेम मिलन तक जाए,
यह कहाँ अनिवार्य था।

दिल को मनाने में देर लगी,
पर समय ने धीरे समझाया।
जो साथ न लिखा भाग्य में,
उसे रो कर भी न पाया।

कविता 12. स्मृति

वर्षों बाद भी कुछ शामें,
तुम्हारे नाम-सी लगती हैं।
कोई गीत अचानक सुनूँ,
तो आँखें नम-सी लगती हैं।

पहला प्रेम जाता नहीं,
वह रूप बदल कर रहता है।
स्मृति की कोमल परतों में
धीमे से बसता है।

कविता 13. पुनर्मिलन

कुछ सालों बाद...

जब फिर से तुम सामने आए,
आँखों में पछतावा था।
कहा – “मैंने दूर किया था,
क्योंकि जिम्मेदारियों का दबाव था।”

मैंने सुना, मन काँपा,
पर अब मैं वही नहीं थी।
समय की सीढ़ियाँ चढ़ चुकी थी,
भावना अकेली नहीं थी।

कविता 14. सच

तुमने कहा – "मैंने बचाया था- तुम्हे।"
मैंने सोचा – किसे? कैसे?
कभी-कभी बचाने के नाम पर
हम और गहरे धँसते हैं ऐसे।

पर दोष गिनने से क्या होता?
वर्ष लौटते नहीं कभी ऐसे।
सच बस इतना था –
हम सच्चे थे, पर समय अलग था अभी।

कविता 15. निर्णय

इस बार मैं रोई नहीं,
बस शांत खड़ी रही।
इच्छा और कर्तव्य के बीच
एक रेखा स्पष्ट खींची रही।

प्रेम सच्चा था,
पर जीवन बड़ा था।
रास्ते अलग थे
क्योंकि सम्मान खड़ा था।

कविता 16. कर्तव्य

मैंने अपनी चाहत से पहले
अपनों की खुशी चुनी।
क्योंकि प्रेम केवल भावना नहीं,
वह ज़िम्मेदारी भी है सुनी।

त्याग हमेशा हार नहीं होता,
कभी वह परिपक्वता होता है।
जो मन को स्थिर रखे,
वही सच्चा संबल होता है।

कविता 17. परिपक्वता

पहला प्रेम मासूम था,
दूसरा विचारशील।
पहला सपना था- उजला,
दूसरा यथार्थ- गहन, गंभीर।

मैंने सीखा –
भावना और निर्णय
दो समानांतर रेखाएँ हैं।
मिलें तो सुंदर,
न मिलें तो भी पूर्ण हैं।

कविता 18. शांत विदाई

इस बार हमने
एक-दूसरे को दोष नहीं दिया।
बस आँखों से स्वीकार किया,
और मौन को शब्द नहीं दिया।

कुछ विदाइयाँ
आवाज़ के बिना पूरी होती हैं।

कविता 19. रह गए

अब तुम स्मृति हो,
कोई शिकायत नहीं।
बस एक हल्की-सी कसक,
जो कभी भारी नहीं।

तुम्हारा होना अर्थपूर्ण था,
चाहे अंत अलग हुआ।
पहला प्रेम जीवन से नहीं,
जीवन में विलीन हो गया जैसे।

कविता 20. पहला प्रेम

पहला प्रेम मिलन नहीं,
एक जागरण होता है।
वह सिखाता है –
दिल सच में धड़क सकता है।

वह हमें कोमल रखता है,
भले समय कठोर हो जाए।

कविता 21. प्रमाण

आज मैं पूर्ण हूँ,
तुम्हारे बिना भी।
पर जो एहसास रह गए,
वे मेरे भीतर ही सही।

वे बोझ नहीं,
वे प्रमाण हैं –
कि कभी मैंने
सांसो से भी अधिक
किसी से प्रेम किया था।

और वही प्रेम
आज भी मुझे
मानवीय बनाए रखता है।

कविता 22. रास्ते अलग थे

रास्ते सच में अलग थे,
यह बात हमने देर से मानी।
हाथ छूटे थे परिस्थितियों से,
न कि दिलों की नादानी।

तुम अपनी दिशा में बढ़े,
मैं अपनी जिम्मेदारियों में ढली।
पर भीतर एक कोना था,
जहाँ पहली धड़कन कभी न ढली।

कविता 23. जिम्मेदारियाँ

जीवन ने धीरे से कहा –
अब भावनाओं से आगे बढ़ो।
घर, समय, अपेक्षाएँ हैं,
इन सबमें खुद को गढ़ो।

मैंने आँसू पोंछे चुपचाप,
चेहरे पर संयम धर लिया।
पर सच कहूँ –
तुम्हारा नाम अब भी मन में लिख लिया।

कविता 24. सामान्य दिन

दिन फिर सामान्य होने लगे,
हँसी भी लौट आई थी।
लोगों को लगा सब ठीक है,
बस मैं थोड़ी गहराई थी।

अंदर एक हल्की टीस थी,
पर शिकायत अब न रही।
तुम याद आते हो कभी-कभी,
पर अब वो बेचैनी न रही।

कविता 25. पहली बारिश

जब भी पहली बारिश होती है,
मिट्टी की खुशबू कुछ कहती है।
भीगी हवा में जैसे
कोई पुरानी याद बहती है।

मैं खिड़की पर ठहर जाती हूँ,
अधखुली पलकों के साथ।
एक हल्की मुस्कान आ जाती है –
तुम फिर से चले आते हो पास।

कविता 26. परिपक्वता

पहले मैं सवाल करती थी,
अब उत्तर ढूँढ लेती हूँ।
पहले मैं ठहर जाती थी,
अब खुद को आगे लेती हूँ।

परिपक्व होना आसान नहीं,
यह दर्द का मूल्य है।
पहला प्रेम जो सिखा गया –
वही जीवन का मूल है।

कविता 27. भीड़ में अकेलापन

भीड़ में चलते-चलते भी
कभी-कभी मन ठहर जाता है।
चेहरों के बीच अचानक
तुम्हारा चेहरा उभर आता है।

पर अब मैं रुकती नहीं,
बस स्मृति को प्रणाम करती हूँ।
अतीत को दोष नहीं देती,
बस उसे स्वीकार करती हूँ।

कविता 28. घर की दहलीज़

जब अपने घर की दहलीज़ पर
मैंने जिम्मेदारियाँ ओढ़ लीं,
तब समझा –
इच्छाएँ हमेशा पूरी नहीं होतीं।

जो अधूरा था,
वो भी मेरे भीतर पूर्ण हुआ।
क्योंकि उस प्रेम ने ही
मुझे स्वयं से मिलवाया था।

कविता 29. मौन प्रार्थना

कभी-कभी सोचती हूँ,
तुम जहाँ भी हो, खुश रहो।
मेरे हिस्से का आकाश
तुम्हें उजाला दे दे।

हमने जो सच्चाई से चाहा,
वो पाप नहीं था।
वो बस एक अधूरा अध्याय था,
जिसमें छल नहीं था।

कविता 30. समय का क्रम

समय ने धीरे-धीरे
दर्द की तीक्ष्णता कम की।
घाव भरते गए चुपचाप,
बस स्मृति हल्की-सी नम रही।

अब जब पीछे मुड़ती हूँ,
तो कड़वाहट नहीं मिलती।
बस एक कोमल-सी धुन है,
जो मन में धीरे-धीरे खिलती।

कविता 31. आईना

आईने में स्वयं को देखती हूँ,
तो एक नई स्त्री दिखती है।
थोड़ी थकी, थोड़ी मजबूत,
मगर पहले से अधिक सजीव।

तुम्हारा जाना हार नहीं था,
मेरा निर्माण था।
तुम अध्याय थे जीवन के,
लेकिन अंत मेरा अधिकार था।

कविता 32. मौन संवाद

कभी-कभी रात के सन्नाटे में
बिना शब्दों के बात होती है।
तुम्हारा नाम नहीं लेती,
पर स्मृति साथ होती है।

यह प्रेम अब शोर नहीं करता,
बस भीतर शांत बहता है।
जैसे कोई दीपक हो,
जो रौशन रहता है।

कविता 33. अधूरा होकर भी पूर्ण

हम साथ नहीं थे,
लेकिन झूठ भी नहीं थे।
हमने जो महसूस किया,
वो क्षणिक भी नहीं थे।

अधूरा होना कमी नहीं,
कभी-कभी वही पूर्णता है।
कुछ प्रेम मिलते नहीं,
पर जीवन की संपन्नता हैं।

कविता 34. मुस्कान और आँसू

आँखें कभी-कभी भीग जाती हैं,
लेकिन मुस्कान भी साथ आती है।
दर्द अब घाव नहीं,
बस स्मृति बनकर रह जाते हैं।

मैं तुम्हें दोष नहीं देती,
न स्वयं को कोसती हूँ।
जो था, वो सच था –
बस इतना ही सोचती हूँ।

कविता 35. नया सवेरा

हर सुबह एक अवसर है,
स्वयं को फिर से चुनने का।
अतीत को सम्मान देकर,
वर्तमान को गुनने का।

तुम मेरी कहानी का हिस्सा हो,
पर पूरी किताब नहीं।
मैंने सीखा है –
प्रेम सुंदर है, पर सब कुछ नहीं।

कविता 36. अंत नहीं

यह अंत नहीं था हमारा,
बस रूप बदल गया था।
तुम दूर गए,
पर एहसास ठहर गया था।

अब मैं शांत हूँ,
न कोई शिकायत है।
पहला प्रेम अब भी है –
बस उसमें परिपक्वता है।

कविता 37. अंतिम स्वीकार

आज अगर फिर मिलें कहीं,
तो शायद हम मुस्कुरा देंगे।
बीते समय को स्वीकार कर,
बिना शिकायत गुजार देंगे।

क्योंकि सच यही है –
कुछ लोग साथ नहीं रहते।
पर जो पहली बार दिल को छू लें,
वो जीवन भर स्मृतियों में रहते।

कविता 38. धड़कनों में नाम

कभी-कभी बिना वजह
दिल थोड़ा भर आता है।
कोई नाम नहीं लेती मैं,
पर मन उसी तक जाता है।

यह आदत नहीं अब,
न कोई बेचैनी शेष।
बस पहली धड़कन का ऋण है,
जो अब भी है विशेष।

कविता 39. समय की मरम्मत

समय सच में मरहम है,
पर निशान नहीं मिटाता।
बस दर्द की तीव्रता कम कर,
जीना फिर सिखाता।

मैंने भी जीना सीखा है,
बिना किसी अपेक्षा के।
पर भीतर एक कोमल स्थान,
अब भी है एक कोने में।

कविता 40. अपने हिस्से की शांति

मैंने तुम्हें मुक्त किया,
ताकि खुद भी हल्की रहूँ।
न कोई शिकायत बाँधूँ,
न कोई बोझ सहूँ।

अब जो बचा है भीतर,
वो शांति है, शोर नहीं।
पहला प्रेम अब स्मृति है,
कोई कटुता नहीं।

कविता 41. अधूरी मुलाकात

कभी सोचा है –
अगर फिर मिलें अचानक कहीं?
क्या हम पहचान पाएँगे,
वो पुराने क्षण यहीं?

शायद बस आँखें मिलें,
और हल्की-सी मुस्कान आए।
कुछ बातें बिना कहे ही,
मन से मन तक जाएँ।

कविता 42. कर्तव्य

जीवन ने कंधों पर
जिम्मेदारियाँ रख दीं।
सपनों की जगह अब
व्यवहारिकताएँ रख दीं।

मगर उन सबके बीच कहीं
एक कोमल कोना है।
जहाँ पहला प्रेम अब भी
निर्विकार सोना है।

कविता 43. सहेजे हुए पत्र

कुछ पत्र कभी भेजे नहीं,
कुछ उत्तर कभी आए नहीं।
कुछ प्रश्न हवा में रह गए,
कुछ आँसू बह पाए नहीं।

पर हर अधूरी पंक्ति ने
मुझे शब्द देना सिखाया।
तुम्हारे जाने ने ही शायद
मुझे लिखना सिखाया।

कविता 44. आशीष

जहाँ भी हो, खुश रहो –
यह कहना अब सरल है।
पहले यह वाक्य भारी था,
अब यह मन का संबल है।

हमारी कहानी खत्म नहीं,
बस पूर्ण विराम लगा।
पहला प्रेम गया नहीं,
बस जीवन में घुला।

कविता 45. अंतिम पंक्तियाँ

अब जब पीछे देखती हूँ,
तो पछतावा नहीं होता।
तुम्हारा होना व्यर्थ नहीं था,
बस स्थायी नहीं होता।

एहसास जो रह गए –
वो मेरी कमजोरी नहीं।
वो प्रमाण हैं कि कभी
मैंने सच्चाई से प्रेम किया था कहीं।

अंतिम संदेश - युवाओं और पाठकों के नाम

पहला प्रेम जीवन की मंज़िल नहीं,
वह पहली गहराई है
जहाँ हृदय स्वयं को पहचानता है।

यदि वह साथ न रहे,
तो यह मत समझिए कि वह व्यर्थ था।
जो सच्चे मन से महसूस किया गया,
वह कभी व्यर्थ नहीं जाता।

हर अधूरा रिश्ता हार नहीं होता –
कुछ हमें तोड़कर नहीं,
गढ़कर जाते हैं।

प्रेम कीजिए,
पर स्वयं को खोए बिना।
विश्वास कीजिए,
पर अपने सम्मान के साथ।

और यदि कभी हृदय टूटे,
तो यह जानिए –
टूटन अंत नहीं,
एक परिपक्व आरंभ है।

पहला प्रेम शायद आपके साथ न रहे,
पर वह आपको बदल देगा –
थोड़ा शांत,
थोड़ा गहरा,
और भीतर से अधिक सशक्त।

---

www.ingramcontent.com/pod-product-compliance
Lightning Source LLC
Chambersburg PA
CBHW070647240926
51846CB00003BA/816
9789375271789